PERSEUS ET MEDUSA

(PUER EX SERIPHO, PARS SECUNDA)

a Latin novella
written and illustrated by Andrew Olimpi

COMPREHENSIBLE
CLASSICS
VOL. 3

Comprehensible Classics
Press
Dacula, GA

Perseus et Medusa
(Puer ex Seripho, Pars Secunda)

Perseus and Medusa
Perseus: the Boy from Seriphus, Part Two

Series: Comprehensible Classics #3

www.comprehensibleclassics.wordpress.com

1st edition 2017

ISBN-13: 978-1548787479
ISBN-10: 1548787477

Discipulis meis
"quot sunt quotque fuere . . .
quotque post aliis erunt in annis"

ACKNOWLEDGEMENTS

This novella continues my attempt to create comprehensible and compelling reading for Latin students based on my understanding of current second language acquisition theory and practice. My intended audience is students in their second or third year of Latin, or independent learners of Latin seeking reading material beyond the introductory or "beginner" level, but which does not overload the reader with massive amounts of vocabulary. I have, in fact, limited the vocabulary in this volume (of approximately 3500 words) to 300 unique words—excluding proper names and words defined in the text). Additionally, I have attempted to use only high-frequency Latin words. Therefore, the text should be comprehensible to intermediate students who have a working vocabulary of a few hundred common Latin words. I have not limited "grammatical" usage, and have felt free to include forms that a traditional Latin textbook or program may consider "advanced" (whatever that term may mean). My goal was to tell the story in such a way that it is indeed both *compelling* and *comprehensible*—a very difficult balance to achieve—those who have attempted writing for students in this way can attest to this, I'm sure. How successful I have been, you, *lector care*, may judge for yourself.

This novella represents my very modest attempt to add to the growing body of literature aimed at providing comprehensible reading for students of Latin. This work would not have been possible without the inspiration, guidance, and feedback from a few of my talented colleagues in the profession, who have more expertise than I in matters of paedagogy and second language acquisition research and practice.

By way of acknowledgements, first, I would like to thank Bob Patrick and John Piazza, both of whom have inspired and challenged me to change the way that I think about teaching Latin, and about what students really need to learn the language as a language. I also need to thank Lance Piantaggini, whose insightful and thorough advice concerning an early draft of this novella has been instrumental in shaping and polishing the final draft.

I also want to thank my excellent colleagues Oswald Sobrino and Lindsay Sears-Tam, whose detailed proof-reading, corrections, and suggestions have helped me fix a great quantity of typos and mistakes. They have spared the final manuscript many embarrassing errors.

Finally, I must thank the members of my 2016-17 Latin III class, *id est* Emily Adams, Jesse Bailey, Collete Brooks, Sam Burke, Bailey Chafin, Allison Chiacchira, Cameron Cortman, Joshua Doss, Cole Heiden, Meekah Howell, Amanda Jackson, Hannah Kendall, Asher Miller, and Ryver Morrow.

These students were the original inspiration and audience for the novel, and have read it over the course of a semester in its various iterations. They provided the encouragement needed to complete the novel, and the valuable feedback needed to improve and polish it.

And one final note: this is not a scholarly work—it is retelling of an ancient myth in the style of a modern young-adult fantasy book. I attempted to use an orthodox, "classical" style thoughout the book, but I have not followed my classical models slavishly, and much of my writing is equally inspired by my reading of later Latin and medieval writers (most notably the *Historia Apollonii Regis Tyri* and the *Gesta Romanorum*) as well as other novellas written for modern language students. In addition to my obvious paedagogical conerns, I also wrote the work for entertainment's sake—not for philological dissection or detailed grammatical analysis. I take full responsibility for any misteps in spelling, style, and usage.

ABOUT THE SERIES:

Comprehensible Classics is a series of Latin novels for beginning and intermediate learners of Latin. The books are especially designed for use in a Latin classroom which focuses on communication and Comprehensible Input (rather than traditional grammar-based instruction). However, they certainly are useful in any Latin classroom, and could even provide independent learners of Latin interesting and highly readable material for self-study.

LEVEL A: Beginner
Ego, Polyphemus
Lars Romam Odit
Mercurius Infans Horribilis
Aulus Anser (forthcoming)

LEVEL B: Advanced Beginner
The *Familia Mala* Trilogy:
    Familia Mala: Iuppiter et Saturnus
    Duo Fratres: Familia Mala Vol. II
    Pandora: Familia Mala Vol. III
  Labyrinthus

LEVEL C: Low Intermediate
Clodia: Fabula Criminalis
The *Io Puella Fortis* Series
      Vol. I: *Io et Tabellae Magicae*
      Vol. II: *Io et Monstrum Horrificum*
Via Periculosa
Idus Martias

LEVEL D: High Intermediate
Puer Ex Seripho Series:
    Vol. I: *Perseus et Rex Malus*
    Vol II. *Perseus et Medusa*
Vox in Tenebris
Eques Viridis Series
     Vol. I: *Eques Viridis: Tres Chartulae*
Filia Regis et Monstrum Horribile

LEVEL E: Advanced (Tiered Readers)
Daedalus et Icarus: A Tiered Latin Reader
Reckless Love: The Story of Pyramus and Thisbe
The Mysterious Traveler: A Medieval Play about St. Nicholas: A Tiered Reade

TABLE OF CONTENTS

The Story So Far . . .

Perseus is a twelve-year-old boy, who lives on the small Greek island of Seriphos with his mother Danae and father Dictys, a fisherman. Also living on the island are Xanthius and Phaedra, twin siblings the same age as Perseus. The three children are inseparable and enjoy playing such games as "Theseus and the Minotaur" every day in the nearby woods.

Perseus is fond of stories—especially the ones his mother tells of far-off lands and amazing creatures. One day, Danae tells her son about Medusa, a once beautiful girl transformed into a hideous monster because of the goddess Minerva's jealousy. Medusa's beautiful hair was transformed into a tangle of hissing and writhing snakes, and her glance can turn a man into stone. After the story, Perseus asks his mother about the name "Acrisius." Late one night, after Perseus had been sent to bed, he overheard his parents having a heated discussion about someone named "Acrisius." Perseus had asked his father about the significance of this mysterious name, but Dictys for some reason had been reluctant to talk about it. Danaë also avoids the subject, and instead sends Perseus outside to play. While throwning his discus in the field outside his house, Perseus notices an owl perched high in a tree, watching his every move.

One day, the king of the island, a sinister-looking man named Polydectes—who always smiles but never seems happy—is out seeking a bride to share his kingdom and bear him children. The king has cast his eye on Danaë, seemingly unconcerned that the woman already has a husband. Since Dictys is away in town selling his fish, Perseus objects to the match on behalf of his father, only to be told that Dictys is not actually Perseus' father. The king announces that he himself will come to Perseus' house the following day to retrieve his bride and prepare the wedding festivities. Later that night, Dictys takes Perseus to a place by the seaside, on which sits an old, weathered chest. Dictys confirms that, indeed, he is not truly Perseus' father, and proceeds to tell the boy the entire story of his true parentage.

The Tale of Acrisius and Danae

Years ago, in Athens, a selfish tyrant named Acrisius was worried that, since his marriage had for so long remained childless, he would indeed have no heir, and after his death, his kingdom and wealth would fall into the hands of strangers. Therefore, the king consulted a wise oracle, asking the priestess if he would ever have an heir. The oracle responded that soon he would not a have a son, but a daughter. Furthermore, this daughter would one day bear a son, and this son, Arcisius' grandson, would grow up to be Acrisius' murderer. True the oracle's word, Acrisius' wife soon bore him a daughter, whom he named Danaë. Fearing the grandson who would one day be born, he locked his daughter in a secret room, buried below the earth, cutting her off from all human contact.

However, Acrisius could not hide her from the gods. Jupiter took pity on the girl, and came to her one day in the form of golden coins falling from the sky which fell through the slats in the skylight of the roof of Danaë's prison. Soon the girl bore a son, whom she named Perseus. Danaë tried for many years to hide Perseus from her father, but one day, to the king's horror, Acrisius discovered the mother and son together in the room. The king was terrified at the sight of the child, as if he had come face to face with his own death. Unwilling to personally take the lives of his own daughter and grandson—an act that would surely bring down the curse of the gods upon his house—he left them to the whim and treachery of fate. He locked both of them in a trunk, and cast the trunk into the ocean. For many days, they were tossed about in the waves of the sea, both huddled and frightened in the darkness, hopeless of rescue.

Yet all hope was not lost, for miraculously rescue did come. A lonely fisherman named Dictys was out fishing on his little boat, when he discovered the trunk floating in the ocean. Curious, he pulled the turnk aboard. Upon opening the trunk, Dictys was truly stunned to discover Danae and her child Perseus in the trunk, shivering, soaked to the skin, but still alive. Acrisius brought the two into his home to care for them. He raised Perseus as his own son, and took Danaë as his wife.

* * * * *

When Polydectes comes to claim his unwilling bride, he further demands that Dictys and Perseus attend the wedding ceremony, bringing with them precious wedding gifts fit for a king on his wedding day. Perseus objects, rightly complaining that neither he nor Dictys have the means to buy a suitable gift. Polydectes threatens to take Dictys' house and possessions, if a suitable gift is not procured in time for the wedding. However, the king is stunned when Perseus, remembering his mother's stories, blurts out that he will bring the king the ultimate gift: the head of the monster Medusa. Polydectes gives Perseus three days to find Medusa and bring back her head.

Perseus leaves home in the middle of the night, with no guide, no weapon, no money, and no idea how to find Medusa. All he has with him is a walking stick in his hand, the clothes on his back, a pair of dirty sandals on his feet, and a single coin in his pocket. While sitting alone by the ocean, he again sees the owl—the very one that was watching him the day before. As a whim, he asks the owl what he should do, and to his utter amazement, the owl responds, saying "I can help you." Stunned at the discovery of a talking bird, Perseus also sees two familiar figures running toward him: his friends Xanthius and Phaedra, who claim that they have come because a talking owl told them to leave their home and meet Perseus at this exact spot. Phaedra suspects that the owl is no ordinary owl, but is in fact the goddess Minerva, who has come to help them on their journey. Suddenly Perseus, crying out in horror, drops his walking stick, only to see two serpents twisting and writhing around the branch. However, these are no ordinary snakes, and Perseus' branch is no ordinary branch—rather, as Phaedra happily announces, that branch with two snakes entwined around it is in fact the *caduceus*, the god Mercury's magic wand.

Perseus carefully picks up the *caduceus*, which immediately begins to glow in his hands. The magical light cast by the wand reveals a cave nearby, previously hidden from view. The children follow the light, and, upon entering the cave, discover unusual pictures and symbols engraved on all the walls. The children are addressed by a mysterious woman, named Io, who identifies herself as an Egyptian priestess of the god Mercury. Moreover, she informs Perseus and his friends that they have been magically transported to a temple in Egypt. Furthermore, if the children will spend the night in the temple, Mercury will appear in their dreams with an important message. Perseus removes his sandals and, after quickly falling asleep, indeed sees the god in his dream. The god says that on his journey Perseus will need the help of an old man who lives on a mountain, three witches who are the sisters of Medusa, and a nymph who lives by a foul river.

When he awakes, Perseus and his friends find themselves no longer in Io's temple, but back on the beach on the island of Seriphos. Perseus' sandals, once worn and dirty, are now like new and with one addition—wings. Perseus, eagerly putting the sandals on his feet, is immediately lifted off the ground.

Phaedra informs Perseus that these are the *talaria*, the winged sandals of Mercury that gives the one who wears them the ability to fly. Minerva's owl commands the children to follow, and flies away. The three friends join hands, and through the power of the *talaria*, fly through the night sky, following the owl.

CAPITULUM PRIMUM
IN CAELO

Multās hōrās omnēs per caelum volābant, būbōne dūcente. Trāns terrās et maria volābant līberī et būbō. Perseus gaudēbat, et Xanthius timēbat, et Phaedra magnā cum curā omnia spectābat. Illa putābat: *Nōs trēs diēs habēmus! Possumusne nōs tribus diēbus trāns tōtum mundum volāre?*

Volāre Xanthiō nōn placēbat; ille manum Perseī fortiter tenēbat et oculōs clausit. Perseus obstipuit et mare et caelum spectābat.

Multīs hōrīs post, būbō omnēs ad terram **novam**[1] dūxit. Bubō sē posuit in arbore altā. Līberī lentē ad terram volābant.

Xanthius erat ānxius. "Ubi sumus?"

Phaedra circumspectāns respondit, "Putō nōs esse in Āfricā."

Perseus nōn gaudēbat et inquit: "Mercurius mihi dīxit senem antīquum habitāre in hōc locō, sed eum nōn videō!"

Būbō inquit, "In monte altō habitat senex antīquus. Senex,

---

[1] **novam:** *strange, new*

quem quaeritis, sapiēns est et omnia scit!"

Līberī terram īnspēxērunt, et **longē ā monte altō**[2] stābant. Xanthius: "Quōmodo illum montem altum ascendere possumus?"

Perseus tālāria in pedibus suīs spectābat et respondit: "Ego cōnsilium capiō!"

---

[2] **longe a monte alto:** *far off from the mountain*

CAPITULUM SECUNDUM
MONS

Celeriter līberī ad summam montis volāvērunt. In summo monte erat casa parva et sordida, **ē lignō**[3] facta. Perseus iānuam casae pulsāvit, sed nēmō respondit. "Persī," Phaedra inquit, "Aperī iānuam! Tempus fugit!"

Iānua ā Perseō lentē aperta est. Iānuā apertā, omnēs casam obscūram et sordidam inspexērunt. Casa vacuua erat; senex antīquus, quem quaerēbant, in casā nōn aderat.

---

[3] **e ligno:** out of wood

"Ēheu!" Xanthius inquit, "Ubi est senex? Estne ille mortuus?"

Subitō vōx magna et **profunda**[4] audīta est. "Ego mortuus nōn sum!" Cum vōx dīceret, tōtus mōns tremere coepit.

Tōtō monte tremente, omnēs timuērunt. Perseus nescīvit quis dīceret, et putāvit: *Fortasse est mōnstrum!*

"Quis es?" Phaedra magnā vōce inquit, "Esne tū senex quī in monte habitat?"

"Minimē!" vōx respondit. "Ego nōn sum senex quī in hōc monte habitat! Ego sum **mōns**

---

[4] profunda: *deep*

ipse![5] Tītānus Atlās sum! Ego semper caelum manibus meīs teneō, et omnia sciō. Cūr vōs omnēs ad hoc locum vēnistis?"

Vōx Titānī erat tam magna ut tōtus mōns tremeret.

Mox Perseus inquit: "Ō Atlās, nōs Medūsam quaerimus. Ubi Medūsa habitat? Quōmodo nōs eam necāre possumus?"

"Ō liberī," mōns profundā vōce respondit, "Difficile est Medūsam necāre. Medūsa ā virō necārī nōn potest. Vīsitāte **Grāiās,**[6] sorōrēs Medūsae. **Sequēminī Ursam Maiorem**[7] in

---

[5] **mons ipse:** *the mountain itself*

[6] **Graeas:** *the "Graiai" or "Gray Women"*

[7] **sequemini Ursam Maiorem:** *follow the constellation "Ursa Maior" (i.e. the "Great Bear")*

caelō ad terram 'Erebum' vocātam. Sed, cavēte!"

"Cūr cavēre debēmus?" inquit Xanthius perterritus.

Iterum Tītānus respondit, tōtum montem vōce profundā movēns:

"Graeae līberōs comedunt."

CAPITULUM TERTIUM
TRES FEMINAE MALAE

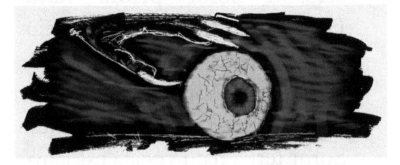

"Sorōrēs! Sorōrēs! Ego aliquid cēpī!"

In spēluncā obscūrā in terrā "Erebus" vocātā, duae magae malae circum **ignem**[8] magnum stābant. Super ignem erat **lebes**[9] magnus. Magae aliquid malī in lebēte coquēbant. Magae vocātae

---

[8] **ignem:** *fire*
[9] **lebes:** *cauldron*

sunt "Graeae," et magicam malam agēbant. Hodiē, duae sorōrēs in spēluncā obscūrā prope ignem stābant. Soror **prima natū**[10] Deinō vocāta est, et soror ēius, secunda nātū, Pemphredō vocāta est. Trēs hōrās abhinc, soror tertia abiit ad cibum capiendum. Soror tertia natū vocāta est Enyō.

Nunc Enyō adībat, magnum sacculum manibus suīs ferēns. Aliquid erat in sacculō.

Enyō: "Sorōrēs! Ego aliquid cēpī! Ego eum in spēluncā nostrā invēnī! Nesciō cūr aliquis esset in spēluncā nostrā, sed nunc cibum habēmus!"

---

[10] **prima natu:** *first by birth, i.e. the eldest*

Maga, quae erat fēmina fortis, sacculum in terrā prope ignem posuit. Aliquid in sacculō dēpositō sē mōvit,

"Dā mihi auxilium!" vōx in sacculō subitō clāmābat.

Deinō: "Puer est!"

Pemphredō: "Līberī mihi maximē placent!"

Deinō: "Celeriter **coquā-mus!**[11] Cibum volō!"

Enyō sacculum aperuit. Aliquid ē sacculō apertō in terram cecidit. Xanthius erat!

Puer trēs fēminās malās vidēbat. Xanthius: "Ō fēminae! Nolīte mē comedere!"

---

[11] **coquamus:** *let's cook (it)!*

"Ego eum vidēre volō," Pemphredō inquit, aliquid manū sūmēns. In manū ēius erat oculus.

Oculum in manū magae vidēns, Xanthius obstipuit putāns: *hae fēminae sunt* **caecae***![12] Fēminae malae mē nōn vidēre possunt! Fortasse ego effugere possum* . . .

Maga oculum in capite posuit, et rīdēbat. Oculō in capite dēpositō, maga vidēre poterat! Xanthius effugere cōnātus est, sed maga eum vīdit et statim cēpit.

"Soror! Soror!" Deinō clāmābat, "Ego quoque puerum vidēre volō!" Maga prīma natū oculum extrāxit et eum in capite suō posuit. Magnā cum cūrā

---

[12] **caecae**: *blind*

maga puerum perterritum īn-spiciēbat et inquit:

"Hic puer mihi maximē placet! Eum coquāmus!"

CAPITULUM QUARTUM
OCULUS

Perseus et Phaedra in spē-luncā Graeārum quoque erant, et eī ānxiī omnia vidēbant. Phaedra, quae frātrem suum amābat, parvā vōce inquit: "Eum **servāre**[13] dēbēmus, sed quōmodo?"

Rē vērā, Perseus timōre captus est, et nescīvit quōmodo Xanthium servāre possent.

Enyō: "Ego eum vidēre volō! Dā mihi oculum!"

Hōc dictō, Enyō laeta oculum cēpit. Aliae sorōrēs quoque puerum vidēre volēbant,

---

[13] **servare**: *save, rescue*

et eae oculum capere cōnātae sunt. Trēs magae **inter sē pugnāre**[14] coepērunt.

Subitō, oculus per āera volābat et in terram cecidit. Aliquis oculum sūmpsit. Magae oculum nōn sūmpsērunt—sed Perseus!

"Ēheu!" Deinō inquit. "Ubi est oculus noster?"

"Oculum vestrum habeō," Perseus respondit, oculum super caput sūmēns et magnā cum cūrā tenēns.

"Quis est?" Pemphredō inquit. "Quis oculum nostrum habet?"

---

[14] **inter se pugnare:** *to fight among themselves*

"Ego sum Perseus," Perseus inquit, vōce magnā, "**Mitte**[15] amīcum meum, et ego tibi oculum dabō!"

"Sed ego cibum volō! *Nunc* cibum volō!" Deinō īrāta clāmābat. "Puerum mittere nōlō!"

Enyō: "Sorōrēs! Caecī sumus et sine oculō vidēre nōn possumus! Nōs cibum comedere possumus. Ego puerum mittam!"

Subitō Xanthius sē movēre poterat, et ad Perseum et Phaedram **quam celerrimē**[16] iit. Phaedra frātrem in amplexū tenēbat. Xanthius: "Ō Persī, quid agere dēbēmus?"

---

[15] **mitte:** *release!*
[16] **quam celerrime:** *as quickly as he could*

Perseus subrīdēbat. "Ego cōnsilium habeō." Deinde inquit: "Ō magae, quōmodo Medūsam necāre possum?"

Enyō īrāta erat. "Ō puer male! Dā nōbīs oculum, et abī!"

Sorōrēs: "Minimē, Ō Perseu! Nolīte eī oculum dare! Dā mī oculum! Dā mī oculum!"

Illae magae oculum capere cōnātae sunt, sed eae nōn poterant. Perseus, oculum super caput tenēbat et iterum vōce fortī inquit: "Quōmodo Medūsam necāre possum?"

Deinō sorōrēs suās oculum habēre nōlēbat. Tandem Deinō respondit: "Necesse est habēre

arma[17] magica. Ecce—sacculum." Maga sacculum in manū sūmpsit. "Arma magica sunt in hōc sacculō. Vīsitāte nymphās, quae habitant prope Flūmen Stygem. Cavēte—Flūmen Styx est flūmen magicum—et malum!"

Maga sacculum sordidum in terrā dēposuit et manum extendit.

Maga, manum extendēns, inquit: "Puer, dā mihi oculum." Magnā cum cūrā Perseus sacculum sordidum sūmpsit—et clamābat!

Perseus: "Xanthī! Phaedra! Dā mī auxilium!"

Ēheu! Maga manum Perseī cēperat!

---

[17] **arma**: *weapons*

CAPITULUM QUNITUM
SACCULUM

Perseus: "Mitte mē, mala fēmina! Mitte mē!"

Maga manum Persī nōn mīsit, sed fortiter tenuit, clamāns: "Dā mī oculum, puer!" Magā manum ēius tenente, perterritus Perseus oculum iēcit! Oculus super caput volābat et in lebēte cecidit. Hōc auditō, magae ānxiae oculum quaerēbant, dum Perseus et amīcī ē spēluncā sordidā effugiunt.

Xanthius: "Persī, quid est in sacculō?"

Perseus sacculum aperit. Perseus aliquid in sacculō apertō vīdit.

Xanthius, in sacculum quoque vidēre cōnāns: "Persī? Quid vidēs? Arma magica? Gladium?

Perseus: "Minimē. Arma magica nōn sunt in sacculō. Ineptus sum! Ego ā magis **falsus sum**."[18]

Perseus sacculum Xanthiō dedit, et puer cūriōsus sacculum aperuit.

Ecce—in sacculō erat . . .

---

[18] **falsus sum**: *I have been deceived*

. . . acus et orbiculus et digitāle.

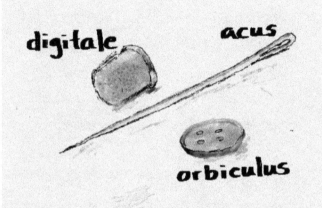

CAPITULUM SEXTUM
CHARON

Erat tertius diēs.

Būbō līberōs ad Flūmen Stygem dūxit, et līberī eum sequēbantur, per caelum volantēs. Perseus cādūceum Mercuriī tenēbat. Xanthius nōn iam timēbat, sed iam confidēns volābat. Rē vērā—volāre eī placēbat! Būbō in rāmō arboris stāns, inquit: "O līberī, nōn possum īre **ad Inferōs**."[19]

"Persī!" Xanthius clāmābat. "Ego aliquid in flūmine videō "Ecce—nāvis est. Aliquis nāvem agit, et lentē adit."

Nāvis antīqua ad eōs adiit. Quidam senex nāvem agēbat, līberōs spectāns et nōn subrīdēns. Senex līberīs nōn placēbat.

Vir manum extendit et inquit: "Ūnum **obolum**."[20] Xanthius et Phaedra pecūniam nōn habēbant.

Vir iterum inquit: "Ūnum obolum. Ego sum Charon. Ego

---

[19] **ad Inferos:** *to the Underworld, the land of the dead*
[20] **obolus:** *an obol (a Greek coin of little worth)*

vōs trāns flūmen ferre possum. Ūnum obolum volō."

Perseus: "Ecce, obolus!" Puer manum extendit. Ecce— nummus erat in manū eius. Perseus obolum habēbat! Trēs diēs abhinc pater eī obolum dederat.

Charon obolum accēpit, nummum magnā cum cūrā īnspiciēns. Tandem, senex **satisfactus est**,[21] et ille nummus in sacculō suō pōnēbātur.

Charon: "Multās grātiās tibi agō, puer. Ascende in nāvem meam." Perseus in nāvem ascendit. Xanthius et Phaedra

---

[21] **satisfactus est:** *was satisfied*

quoque in nāvem ascendere conātī sunt, sed Charon eōs prohibēbat.

Charon, iterum manum extendēns, inquit: "Duōs obolōs."

"*Duōs*?" Xanthius obstipuit.

"Certē. Duo hominēs, duo obolī!"

Phaedra: "Nummōs nōn habēmus!"

Charon: "Deinde vōs in nāve meā ferrī nōn potestis."

Lentē nāvis per Flūmen Styx abiit. Xanthius et Phaedra in terrā stantēs vīdērunt nāvem abeuntem. Perseus cum Chārōne in Īnferōs abiit.

Subitō, Xanthius clamāvit: "Ēheu!"

Phaedra, quae nāvem spectābat, inquit: "Frāter, quid est?"

"Perseus **alicuius oblī-viscitur**."[22] Xanthius ānxius respondit, sacculum Graeārum in manū tenēns.

---

[22] **alicuius obliviscitur:** *is forgetting something*

CAPITULUM SEPTIMUM
IANUAE SOMNIORUM

Charon per flūmen navem agēbat. Perseus flūmen spectābat, dē Xanthiō et Phaedrā putāns. Ille nesciēbat sē nōn habēre sacculum Graeārum.

Charon: "Ō puer, nōn putō tē esse rē vērā mortuum. Esne tū vīvus an mortuus?"

Perseus respondit: "Rē vērā, vīvus sum, Charon."

Charon: "Vēra dīcis? Nōn multī hominēs vīvī ad Īnferōs īre volunt!"

Senex putābat, nāvem per flūmen agēns. Tandem inquit: "vīsne tū mortuus esse?"

Perseus: "Minimē! Quis mortuus esse vult?"

Charon subrīsit. "Tū bene respondistī. Nēmō mortuus esse vult."

In mediō flūmine Stygis erat īnsula parva. Charon Perseum ad īnsulam ferēbat, et eī dīxit: "Exeās nāvem, puer. Nymphae, quās tū quaeris, in hāc īnsulā habitant. Ō puer, habēsne tū **somnia mala?**"[23]

"Minimē, Charon." Perseus respondit ē nave exiēns.

"Habēbis," Charon inquit, et abiit, et Perseus solus in īnsulā erat.

* * * * *

"Līberī, quid agitis in hōc locō?"

In terrā, Xanthius et Phaedra sē vertērunt et virum **novum**[24] vīdērunt. Vir **ālās**[25] magnās habēbat, et cornua magna in capite ēius sunt. Vir volābat et tōtum corpus virī lūcēbat.

Phaedra timidē respondit:

---

[23] **somnia mala:** *bad dreams, nightmares*
[24] **novum:** *new, strange*
[25] **alas:** *wings*

"Nōs amīcum nōmine Perseum quaerimus. Quis es tū?"

"Ego," vir subrīdēns respondit, "sum Hypnōs, deus somniī. Ego vōbīs auxilium dare possum. Venīte mēcum!"

Hypnōs volāns līberōs dūxit, et līberī per viās obscūrās eum sequēbantur. Hypnō ducentē, brevī tempore omnēs ad duās iānuās advēnērunt.

Hypnōs: "Illae iānuae vocātae sunt **'iānuae somniorum.'**[26] Cotīdiē somnia ad mundum vivōrum eunt per hās iānuās. Iānua sinistra **ebore**[27] facta est, et somnia falsa per illam

---

[26] **ianuae somniorum:** *the doors of dreams*
[27] **ebore:** *of ivory*

iānuam eunt. Haec iānua dextra cornū facta est. Omnia somnia, quae per hanc iānuam eunt, falsa nōn sunt, sed vēra."

Hypnōs iānuam cornū factam lentē aperiēbat. "Līberī" Hypnōs inquit, "**Eātis**[28] per iānuam cornū factam, sī tū amīcum invenīre vult."

Magnā cum cūrā liberī per iānuam iērunt.

Hypnōs: "**Valeātis**,[29] libērī!" Deus iānuam celeriter clausit.

---

[28] **eatis:** *let's go*
[29] **valeatis:** *goodbye, farewell*

CAPITULUM OCTAVUM
INSULA

In īnsulā parvā prope flūmen Stygem erant multae arborēs. Perseus audiēbat nymphās in hāc īnsulā habitāre. **Perseō vidēbatur**[30] nymphās in hōc locō obscūrō nōn habitāre. Perseō vidēbatur neminem in hāc īnsulā habitāre.

Quis in flūmine Styge habitāre **vellet?**[31]

---

[30] **Perseo videbatur:** *it seemed to Perseus*
[31] **vellet:** *would want*

"Nymphae!" Perseus magnā vōce clamābat "Ubi vōs estis?"

Nēmō respondit. Nēmō in īnsulā adest . . . neque nympha neque homō neque animal.

Perseus putābat: *fortasse nymphae hodiē absunt!*

Perseus īnsulam obscūram et malam inspiciēbat. Nihil erat in hāc īnsulā **nisi nōnnūllae arborēs**[32] altae et mortuae. In illīs arboribus sunt multī rāmī. Rāmī Perseō vidēbantur esse mortuī. Perseus ūnum rāmum parvum tangēbat. Arbore tāctā, Perseus rāmum **casū frēgit**.[33]

"Aiiiiii!" arbor clāmābat.

---

[32] **nisi nonnullae arbores:** *except some trees*
[33] **casu fregit:** *accidentally broke*

Perseus rāmum fractum in manū tenēns obstipuit. Putābat: *arborēs mortuae nōn sunt! Rē vērā— Arborēs in hāc īnsulā loquī possunt! Sī būbōnēs loquī possent, fortasse arborēs quoque loquī possent!* Perseus secundum rāmum tangēbat, et iterum vōx audīta est:

"Aiiiii! Nōlī mē tangere, Ō puer male! Cur rāmum meum frangis?"

Ecce—**sanguis**[34] ex ar-bōre vēnit et ad terram prope pedēs Perseī cecidit.

Rāmō frāctō, arbor misera **vulnerāta est**.[35] Perseus trīstis inquit:

---

[34] **sanguis:** *blood*
[35] **vulnerata est:** *was hurt, was wounded*

47

"Ō, arbor misera! Ego nesciō tē vīvere et loquī posse! Trīstis sum quia ego tē **vulnerāvī**.[36] Ego nymphās flūminis Stygis quaerēbam."

Arbor respondit: "Nōs sumus nymphae flūminis Stygis."

Perseus obstipuit: "Ego putāvī nymphās esse puellās pulchrās, quae in silvīs et montibus et flūminibus habitant."

Arbor: "Puer, nōs nōn semper erant arborēs." Et illa arbor fābulam Perseō narrāre coepit.

---

[36] **vulneravi:** *(I) wounded*

CAPITULUM NONUM
NYMPHAE ET LOTUS

Arbor fābulam narrābat:

"Ōlim, multōs annōs abhinc, erāmus nymphae, puellae pulchrae et semper laetae. Quōdam diē, nōs ad hanc īnsulam advēnimus. In īnsulā erant multī flōrēs pulchrī vocātī "Lōtī." Nōs ad hanc īnsulam ierāmus ad flōrēs īnspiciendās. Ego flōrem Lōtum manū sūmpsī, et—ecce—sanguis ex illō flōre venīre coepit. Ego pedem meum movēre cōnābar, sed nōn poteram! Pedēs meī transformātī erant in **rādīcēs**[37]

---

[37] **radices:** *roots*

arboris! Ego **bracchia**[38] movēre cōnābar, sed nōn poteram! Bracchia mea in ramōs transformāta erant! Flōribus sūmptīs, ego et aliae nymphae in arborēs transfōrmātae erāmus! Omnibus in arborēs transformātīs, nōs ab īnsulā effugere nōn possumus. Nunc ego semper in hāc īnsulā vīvam et numquam abīre poterō!

*   *   *   *   *

"Nunc, dīc mihi, puer! Cūr tū ad hanc īnsulam miseram vēnistī?"

Perseus inquit, "Medūsam quaerō."

---

[38] **bracchia:** *arms*

"Ō miser puer!" arbor clāmābat, "Nēmō Medūsam necāre potest! Sī tū Medūsam necāre cōnāberis, tū **necāberis!**"[39]

Perseus fortiter respondit, "Medūsa mihi invenienda est et necanda est."

Arbor: "**Ego viam tibi ostendam**[40], ō puer, sī tū vīs."

Perseus: "Volō."

Magnā cum difficultāte, arbor misera rāmōs movēre coepit et rāmum ad caput Perseī extendit. "Claudē oculōs tuōs, puer." inquit. Perseus oculōs clausit. Oculīs clausīs, arbor caput Perseī rāmō tangēbat.

---

[39] **necaberis**: *you will be killed*
[40] *I will show you the way.*

"Dormī . . ." arbor parvā vōce inquit.

Et Perseus dormīvit.

CAPITULUM DECIMUM
TEMPLUM OBSCURUM

Perseus per obscūrum templum iit. Ille nescīvit ubi esset. Ille quoque nescīvit quōmodo vēnisset in hunc locum. Puer nōn iam erat in īnsulā nymphārum.

Perseus putāvit: *dormiōne ego? Estne hoc somnium meum? Illa arbor inquit: "dormī," deinde ego sum in hōc templō! Rē vērā ego somnium vīvidum iam habeō!*

Templum erat sordidum et antīquum. In mūrō templī erant multae pictūrae. Erat tam obscūrus in illō templō ut Perseus pictūrās vidēre nōn posset.

Ille cōnsilium cēpit. Puer cādūceum manū sūmpsit et manum extendit ad pictūrās. Cādūceus lūcēre coepit et mox Perseus pictūrās vidēre poterat.

In pictūrā erat būbō in arbore prope casam parvam. Perseus obstipuit et magnā cum cūrā pictūram iterum īnspiciēbat. Ecce (**mīrābile dictū!**)[41] erat īnsula Serīphus, et casa erat ēius!

---

[41] **mirabile dicu:** *wondrous to say!*

Deinde, cādūceō lūcente, puer pictūrās in mūrō secundō vidēbat. In secundā pictūrā, trēs līberī cum būbōne **colloquuntur.**[42] In pictūrā tertiā, līberī ad montem magnum volēbat. Deinde līberī trēs magās invēnērunt, deinde ad īnferōs iērunt, deinde puer cum arbore in īnsulā colloquēbātur. . .

In pictūrā **ultimā,**[43] puer (quī erat similis Perseō!) pictūrās in mūrō templī obscūrī vidēbat. Quoque in pictūrā erat **umbra**[44] magna et horribilis. Umbra, quam Perseus vīdit, erat fēmina. Illa fēmina serpentēs circum caput

---

[42] **colloquuntur:** *converse, talk together*
[43] **ultima:** *last*
[44] **umbra:** *shadow*

habēbat. Perseus timuit et statim effugere volēbat. Subitō, cādūceus nōn iam lūcēbat, et omnia in umbrīs erant!

Deinde Perseus sonum audīvit: serpentēs.

"Sssssssssss . . ."

Sonus, quem Perseus audi-ēbat, erat multōrum serpentum. Magnā cum cūrā Perseus umbram et serpentēs effugere conātus est. Nihil vidēns, puer ānxius mūrum manibus tangēbat ad sonum serpentium effugiendum. Subitō Perseus aliquem in templō obscūrō manibus tangēbat!

"Persī!" vōx familiāris clāmābat. "Cave! Medūsa in hōc templō habitat!"

Deinde, vōx secunda inquit: "Nōs **ubique**[45] tē quaerēbāmus!"

Iterum cādūceus lūcēre coepit. Cādūceō lūcente, Perseus nunc duās figūrās vidēre poterat.

"Xanthī! Phaedra!" Perseus laetus inquit. "Quōmodo vōs mē invēnistis? Quōmodo vōs estis in somniō meō?"

"In somniō tuō?" Xanthius obstipuit. "Ego et Phaedra per iānuās somniōrum īvimus. Tū es in somniō nostrō!"

Iterum sonus serpentium in templō ab omnibus audītus est. Phaedra Perseō sacculum dedit. "Ō Persī!" ea inquit. "In sacculō vidē!"

---

[45] **ubique**: *everywhere*

Perseus sacculum manū sūmpsit et aperuit. Sacculō apertō, Perseus obstipuit! Acus et orbiculus et digitāle nōn iam erant in sacculō. Acus in gladium transfōrmātus erat, et orbiculus et digitāle in **scūtam et galeam**[46] trānsfōrmātī erant!

---

[46] **Scutam et galeam:** *a shield and a helmet*

CAPITULUM UNDECIMUM
OCULI MONSTRI

oculi in obscuro lucebant...

Perseus arma magica īnspiciēbat. Scūta erat **polīta similis speculō**.[47]

"Persī," Phaedra inquit. "Sī tū in speculō Medūsam vidēbis, fortasse Medūsa tē in lapidem trānsfōrmāre nōn poterit!"

---

[47] *polished like a mirror*

"Ecce galea!" Perseus inquit, galeam in capite ponēns. Subitō , galeā positā, Perseus **ēvānuit!**[48]

"Ēheu! Perseus ēvānuit!" Xanthius clāmābat. "Nesciō ubi sit!"

"Ego adsum!" vōx Perseī respondit.

Phaedra circumspectābat et inquit: "Nōs tē vidēre nōn possumus!"

Perseus subridēns gaudēbat. "Invīsibilis sum! Fortasse, sī vōs mē nōn vidēbitis, Medūsa quoque mē vidēre nōn poterit."

Iterum sonus serpentium ab omnibus audītus est. Rē vērā erat

---

[48] **evanuit:** *vanished*

Medūsa, et illum mōnstrum nunc erat **proximum**.[49]

"Persī!" Xanthius Perseum vocāvit, quia nescīvit ubi Perseus esset. "Medūsa est proxima!"

Nēmō respondit.

Phaedra: "Persī! Persī! Ubi es? Respondē mihi!"

Sonus serpentium, nōn Perseus respondit. Fōrma fēminae ex umbrīs ad līberōs adiit. Fōrmam horribilem videntēs, Xanthius et Phaedra perterritī sunt, sed sē movēre nōn poterant. Līberī capita vertērunt et oculōs clausērunt. *Nōlī in oculōs Medūsae vidēre*, putābat Phaedra. *Nolō in lapidem transformārī!*

---

[49] **proximus:** *near*

Lentē Medūsa līberōs adiit, serpentēs in capite sē moventēs et **sībilantēs**.[50] Oculī Medūsae in umbrīs lūcēbant.

"Ō liberī," Medūsa sībilābat, "Vidēte mē. Vidēte in oculossssss meōsssss."

Liberī sciēbant Medūsam esse proximam. Xanthius serpentēs prope caput suum audīre poterat! Xanthius oculōs claudere volēbat, sed nunc, Medūsā proximā, puer miser oculōs claudere nōn poterat. **Invītus**[51] puer lentē oculōs aperīre coepit.

---

[50] **sibilantes**: *hissing*
[51] **invitus**: *unwilling*

"Xanthī!" vōx familiāris in umbrīs clāmābat. "Nōlī in oculōs Medūsae vidēre!" Erat Perseus!

Medūsa ad Perseum sē vertēbat ut puerum in lapidem transformāret. Puer in oculōs mōnstrī nōn vidēbat, sed **imāginem**[52] Medūsae in scūtā spectābat. Perseus fortiter Medūsam gladiō pulsāvit, et caput Medūsae ab corpore suō ad terram cecidit.

Mōnstrum horribile ā Perseō necātum est!

Xanthius et Phaedra gaudēbant et Perseus in amplexū magnō tenēbant.

---

[52] **imāginem**: *image, reflection*

Xantius et Phaedra: "Ō Persī, tū es fortior quam Thēsēus! Tū mōnstrum necāvistī!"

Perseus magnā cum cūrā caput Medūsae manū sūmpsit, et rem horribilem in sacculō dēposuit.

"Eāmus domum!" Perseus inquit, sacculum claudēns. "Nōs ad mātrimōnium **invītātī sumus.**"[53]

---

[53] **invitati sumus:** *we have been invited*

CAPITULUM DUODECIMUM
VESTIMENTA NUPTIALIA

Danaē vestimenta nuptialia gerere nolebat...

"Danaē! Mī amor!" vōx clāmābat, "Vēnī hūc! Tempus est mihi tē **in mātrimōnium ducere.**"[54]

Vōx rēgis erat. Polydectēs ad iānuam stābat, in iānuam pulsāns et magnā vōce clamāns. In conclāvī, Danaē sōla in lectō suō sedēbat trīstis. Trēs diēs Danaē in

---

[54] **in matrimonium ducere:** *lead in marriage; marry*

conclāvī suō erat, nēminem vidēns et nihil cibī comedēns. Polydectēs fēminae nōn placēbat, et fēmina nōlēbat Polydectēn esse **virum**[55] suum.

In īnsulā Serīphō, erat magnum **convīvium**.[56] In īnsulā tōtā erant hominēs et cibus et mūsica pulchra **ubīque**.[57] Omnēs, quī in īnsulā habitābant, ad convīvium invītātī sunt. Polydectēs gaudēbat mox illum Danaēn in mātrimōnium **ductūrum esse**.[58]

Trēs diēs abhinc fīlius Perseus cum duōbus amīcīs ab

---

[55] **virum:** *man, husband*
[56] **convivium:** *party*
[57] **ubique:** *everywhere*
[58] **in matrimonium ducturum esse:** *he would marry, he would lead in marriage*

īnsulā abierant. Perseus iter fēcerat ut monstrum Medusam necāret. Danaē trīstis putābat monstrum Medusam ā Perseō invenīrī nōn posse. Danaē scīvit multōs virōs fortēs ā Medusā in lapidem transformārī.

Danaē: "Ēheu! Fīlius meus ā monstrō necātus est, et numquam domum **regrediētur**!"[59]

"Danaē!" Polydectēs clāmābat in iānuam conclāvis pulsāns, "Omnēs in convīviō adsunt! Venī hūc, mea uxor!"

Trīstis Danaē **lectum**[60] suum spectābat. In lectō suō erant vestīmenta nūptiālia. Vestīmenta ā

---

[59] **regredetur:** *will return*
[60] **lectum:** *bed*

67

rege **allāta erant**.[61] Danaē vestīmenta nūptiālia gerere nōlēbat.

"Danaē!" clāmābat Poly-
dectēs īrātus, "Nunc aperī
iānuam! Sī tū iānuam nōn aperiēs,
mīlitēs meī iānuam tuam aperient
et tē ex conclāvī **extrahent**!"[62]

Rex Polydectēs fēminae nōn
placēbat, sed illa nōlēbat ex
conclāvī ā militibus extrahī.

Tandem iānua conclāvis
lentē aperta est. Ecce—nunc
Danaē vestīmenta nūptiālia
gerēbat. Danaē vestīmenta nūptiālia gerēns nōn gaudēbat.

"Ego sum **parāta**."[63] inquit
fēmina.

---

[61] **allata erant:** *had been brought*
[62] **extrahent:** *will drag out*
[63] **parata:** *ready, prepared*

CAPITULUM
TERTIUS DECIMUS
CONVIVIUM

Perseus putābat: *Ubi sum?*

Nōn iam erat in templō obscūrō. Nox nōn iam erat, et **sōl**[64] lūcēbat. Puer dēfessus lentē circumspēxit.

Ecce—domum meam! Nōs iterum sumus in īnsulā Serīphō!

Prope Perseum Xanthius et Phaedra in terrā dormiēbant.

Perseus pedēs īnspexit. Tālāria nōn iam erant in pedibus—**immo**[65] in pedibus ēius erant soleae sordidae et antīquae.

---

[64] **sol**: *the sun*
[65] **Immo**: *rather*

Ille neque galeam neque scūtam neque gladium neque cādūceum habuit. Ubi erant deī? Ubi erat būbō?

Eratne omnia **modo**[66] *somnium?*

Perseus terram spectāvit. Terram spectāns, ille in terrā prope eum sacculum familiārem vīdit. Quamquam Perseus sacculum nōn aperuit, puer scīvit quid in sacculō esset.

* * * * *

Hodiē in **aulā regis**[67] erat convīvium magnum. Omnēs Danaēn vestīmenta nūptiālia

---

[66] **modo:** *only, just*
[67] **aula regis:** *the king's palace*

gerentem vidērunt et celebrāvērunt.

"**Avē**,[68] rēx Polydectēs!" laetī clāmāvērunt, "Avē, rēgīna Danaē!"

Ūnus in **turbā**[69] neque gaudēbat neque clāmāvit. Dictys trīstis spectābat, sed nihil dīxit. Ille piscātor miser Danaēn amāvit.

Rēx Polydectēs turbam magnam spectāns gaudēbat et subrīdēbat. Omnēs in convīviō dōna nūptiālia rēgī dare coepērunt. Dōna in mēnsā magnā posita sunt. "Grātiās magnās vōbīs agō!" Polydectēs laetus inquit. "Danaē, ubi est Perseus

---

[68] **ave!**: *hail!*
[69] **turba**: *crowd*

fīlius tuus? Ubi est dōnum Perseī?"

"Nesciō," fēmina miser respondit, et terram trīstis spectāvit. Danaē putābat Perseum mortuum esse, ā Medusā necātum.

Rēx Polydectēs dōna nuptialia īnspēxit. In mēnsā cum dōnīs nūptiālibus pulchrīs erat sacculus sordidus et antīquus. Sacculum īnspiciēns, rēx obstipuit. Quis *regī* sacculum sordidum et antīquum **daret?**[70]

Rex sacculum sordidum manū sūmpsit. Aliquid erat in sacculō. Sacculum sūmēns rex dōnum iterum īnspiciēbat. Rē

---

[70] **daret:** *would give*

vērā—aliquid in sacculō lūcēre coepit!

Rēx subrīsit. Ille **avidē**[71] putābat fortasse aureum aut pecūniam in sacculō esse! Rex sacculum lūcentem avidē aperuit.

In sacculō erat caput Medūsae. Oculī Medūsae apertī sunt et lūcēbant.

Rēx Polydectēs nōn iam subrīdēbat: in lapidem trans-fōrmātus erat!

---

[71] **avide:** *greedily*

Omnēs in turbā hominum obstipuērunt.

"Māter! Māter!" vōx ex turbā hominum clāmāvit. Danaē turbam īnspēxit et—mīrābile dictū!—fīlium suum et amīcōs Xanthium et Phaedram vīdit! Līberī ad Danaēn celeriter iērunt, et eam in amplexū magnō tenuērunt. Danaē gaudēbat.

Dictys gaudēns ad familiam iit. "Nunc **salvī**[72] sumus," inquit Dictys subrīdēns, et Danaēn et Perseum in amplexū magnō tenuit. "Nunc salvī sumus."

---

[72] **salvi:** *safe*

EPILOGUS

discus volat

Post multōs annōs lūdī Olympīcī Athēnīs agēbantur. Multī hominēs ad lūdōs iter fēcērunt **ad certandum**.[73] Hodiē multī virī fortēs discōs iaciēbant. Prīmus āthlēta, quī erat vir fortis, discum suum longē iēcit.

---

[73] **ad certandum:** *to compete*

"Duo centum pedēs!" **iūdex**[74] clāmāvit. **"Bene iactum!"**[75]

Āthlēta secundus adiit et discum iēcit. Āthlēta secundus, quī erat fortior quam āthlēta prīmus, discum longius iēcit.

"Optimē iēcistī!" iūdex clāmābat. "Duo centum et vīgintī pedēs!"

Deinde āthlēta tertius adiit. Āthlēta tertius, quī erat vir fortissimus, discum iēcit quam fortissimē. Discus per caelum longē volāvit! Discus nōn cecidit in terram, sed in **turbā**[76] hominum spectantium!

---

[74] **iudex:** *judge*
[75] **bene iactum:** *well thrown!*
[76] **turba:** *the crowd*

"Ēheu!" iūdex clāmāvit. "Discus aliquem in capite pulsāvit!"

Rē vērā—discus virum in capite pulsāvit, et vir mortuus in terrā erat. Vir discō necātus est!

"Ō dī immortālēs!" clāmābat ūnus spectātor corpus virī mortuī vidēns. "Erat rēx Ācrisius! Rēx Ācrisius mortuus est!"

Omnēs obstipuērunt. Āthlēta tertius obstipuit.

Āthlēta tertius erat Perseus.

GLOSSARY

A

ā, ab: *from, by*
abeuntem: *going away*
abhinc: *ago*
abit: *goes away, leaves*
Acrisius: *Acrisius, an evil king*
accipit: *accept, receive*
acus: *a needle*
ad: *to, towards*
adest: *is here, is present*
adit: *goes toward, approaches*
Aegyptia: *Egypt*
Aegyptus, Aegypta: *Egyptian*
āera: *the air*
Āfrica: *Africa*
ager, agrum: *field*
agit: *does*
ālās: *wings*
aliquandō: *sometimes*
aliquis: *someone*
alius: *other, another*
alta, altus: *high, tall*
amat: *loves*
amicus, amica: *friend*
amor: *love*
amōre captus est: *was seized by love, fell in love*
an: *or*
animal: *animal*
    annos natus: *years old*
annōs: *years*

antīqua, antīquus: *old, ancien*
ānulōs: *rings*
anxius: *anxious, worried*
aperit: *opens*
arbor: *tree*
arca: *box*
arcanae: *strange, mysterious, arcane*
Argus: *Argus*
Ariadne: *Ariadne*
arma: *weapons*
ascendit: *climbs up, climbs in*
Asiā: *Asia Minor*
āthlēta: *athlete*
Atlās: *Atlas*
audit: *hears, listens*
aureua, aureus: *golden*
aut: *either, or*
auxilium: *help*
avē: *hail*
avidē: *greedily*
avis: *bird*

B
baculum: *stick*
bene: *well*
bonus, bona: *good*
bos: *cow*
bracchium: *arm*
bubo: *owl*

C
cadit: *falls*

caduceus: *caduceus, Mercury's wand*
caecae: *blind*
caelum: *sky*
capit: *seizes, grabs, captures*
caput: *head*
casa: *small house, cottage*
casū: *by chance, by accident*
cave: *beware*
  cecidit: *fell*
celeriter: *quickly*
centum: *one hundred*
  cēpit: *seized, grabbed, captured*
certē: *certainly, yes*
Charon: *Charon*
cibus: *food*
circum: *around*
circumspectat: *looks around*
clamat: *shouts*
claudit: *closes*
coepit: *begins, began*
colloquitur: *converses, talks (with)*
comedit: *eats*
commemorat: *remembers*
conatur: *tries*
conclave: *room*
cōnsilium: *plan, idea*
convivium: *party*
convīvus: *guest, reveler*
coquit: *cooks*
cornu: *horn*
corona: *crown*
corpus: *body*

cotīdiē: *everyday*
crās: *tomorrow*
cucurrit: *ran*
culīnā: *kitchen*
cum: *with; when, since, after*
cūr: *why*
cura: *care*
curiosus: *curious*
currit: *runs*

D

Danaē: *Danae*
dat: *gives*
de: *de*
dea, deus: *goddess, god*
dea: *goddess*
dēbet: *ought to, must, should*
dedit: *gave*
dēfessa, dēfessus: *tired*
deinde: *then, next*
Deino: *Deino, one of the Graiae*
dēposuit: *put down*
dexter, dextra: *right*
dicit: *says, tells*
Dictys: *Dictys*
dies: *day*
difficile: *difficult*
difficultās: *difficulty*
digitāle: *a thimble*
discus: *a discus*
dives: *rich*
dixit: *said, told*

dōnum: *house, home*
dormit: *sleeps*
ducit: *leads*
dum: *while*
duo: *two*
duodecim: *twelve*

E
ē, ex: *from, out of*
eam: *her*
eās: *them*
ebore: *from, out of ivory*
ecce: *behold, look*
effugit: *runs away, escapes*
egit: *(he) did, (she) did*
ego: *I*
eheu: *Oh no! Alas!*
ēius: *his, her*
Enyō: *Enyo, one of the Graiae*
eōs: *them*
Erebus: *Erebus, the land of the dead*
est: *is*
et: *and*
eum: *him*
exit: *goes out, exits*
extendit: *extends, holds out*

F
fābula: *story*
facit: *makes*
falsa, falsus: *false, not true*
familiāris: *familiar*

fēcit: *made*
fēmina: *woman*
fert: *carries, bears*
fīlius: *son*
flos, florem: *flower*
flūmen: *river*
Fōrma: *form, shape*
fortasse: *maybe, perhaps*
fortis: *strong, brave*
fractum: *broken*
frangit: *breaks*
frater: *brother*
fugit: *flees, runs away*
   tempus fugit: *time flies, "time is running out"*

G

galea: *helmet*
gaudet: *to be happy, rejoice*
geminī: *twins*
gerit: *wears*
gladius: *sword*
Graeae: *the Graiae*
Graeciā: *Greece*
Graecus: *Greek*
grātiās: *thanks*
gravāta est: *was pregnant*

H

habet: *has, possesses*
habitat: *lives*
hic, haec, hoc: *this, these* (plural)
hodiē: *today*

hominēs: *men*
hōrae: *hours*
horribilis: *horrible, terrible*
hūc: *here, to here*
Hypnos: *Hypnos*

I

iacit: *throws*
iam: *now*
ianua: *door*
  iēcit: *threw*
ignis, ignem: *fire*
ignōta: *unknown*
ille, illa: *that, those* (plural***)***
in: *in, into*
ineptus: *foolish*
īnfāns: *baby, infant*
inferōs: *the Underworld*
inquit: *says, said*
īnspicit: *to inspect, to examine*
insula: *an island*
inter: *among, between*
invenit: *finds*
invisibilis: *invisible*
invitus: *unwilling*
Io: *Io*
ipse: *himself, herself*
irata, īrātus: *angry*
  iter facit: *make a trip, travel*
iter: *a trip, a journey*
iterum: *again*
iūdex: *judge*

Iūnō: *Juno*
Iuppiter: *Jupiter*

L

laborat: *works*
laeta, laetus: *happy*
lapis, lapidem: *rock, stone*
lebes: *cauldron, cooking pot*
lectus: *bed*
lentē: *slowly*
līberī: *children*
ligat: *ties, binds*
lignum: *wood*
litterae: *letters*
lītus: *beach, shore*
locus: *a place*
longus, longa: *long*
Lōtus: *the Lotus flower*
lucet: *shines*
ludit: *plays*
ludus: *game*

M

maga: *witch*
magica: *magic*
magna cum cura: *carefully, with great care*
magna magnus: *large, big*
mala, malus: *bad, wicked*
manus: *hand*
mare: *sea*
mater: *mother*

matrimōnium: *marriage*

mē: *me*

mea, meus: *my*

>   **mecum:** *with me*

medius, media: *the middle*

Medusa: *Medusa*

mensa: *table*

mēnsēs: *months*

Mercurius: *Mercury*

mīlitēs: *soldiers*

Minerva: *Minerva*

minimē: *no! not in the least!*

Minotaurus: *Minotaur*

mīrābilis: *miraculous, wondrous*

mīrābile dictū: *wondrous to say!*

miser, misera: *poor, wretched*

>   **misit:** *sent*

mittit: *sends*

modo: *only*

mons, montem: *mountain*

monstrum: *monster*

moritur: *dies*

mortuus, mortua: *dead*

movet: *moves*

mox: *soon*

multās gratiās agō: *I thank (you) very much, I give (you) many thanks*

multī, multae: *many*

mundus: *world*

murus: *wall*

mūsica: *music*

N

narrat: *tells, narrates*

natu: *by birth*

nātus: *born*

navis: *ship, boat*

necat: *kills*

necesse est: *it is necessary*

necesse: *necessary*

nēmō, neminem: *no one, nobody*

Neptūnus: *Neptune*

neque: *and . . . not, nor*

nescit: *doesn't know*

nihil: *nothing*

nōlēbat: *did not want*

nolo: *I do not want*

nōmen: *name*

non iam: *no longer*

non: *not*

nōs: *we*

noster, nostra: *our*

nova, novus: *new*

novem: *nine*

nox, noctem: *night*

numerat: *counts*

nummus: *coin*

numquam: *never*

nunc: *now*

nūptialia: *wedding*

nymphae: *nymphs*

O

Ō: *O!*

obdormit: *falls asleep*
oblīviscitur: *forgets*
obolus: *an obol, a penny*
obscūra, obscūrus: *dark*
obstipuit: *was astonished, amazed*
oculus: *eye*
olim: *once*
Olympus: *Olympus*
omnēs, omnia: *everyone, everything*
optima, optimus: *the best, the greatest*
ōrāculum: *an oracle*
orat: *prays*
orbiculus: *button*
ostendit: *shows, displays*

P
parāta: *prepared*
parva, parvus: *small*
pater: *father*
pāvō, pavonem: *peacock*
pecūnia: *money*
Pemphredo: *Pemphredo, one of the Graiae*
penna: *feathers*
per: *through*
perīculōsa, periculosus: *dangerous*
Perseus: *Perseus*
perterritus: *frightened, scared*
pes, pedem: *foot*
Phaedra: *Phraedra*
pictūra: *picture*
piscātor: *fisherman*
placet: *pleases*

plaustrum: *wagon*
Polydectēs: *Polydectes*
ponit, posuit: *place, put*
post: *after*
postrīdiē: *the day after, the next day*
potest: *is able*
praeclārus: *famous*
prima, prīmus: *first*
procul: *far, far way*
prohibet: *to prohibit, prevent*
prope: *near, next to*
proxima, proximus: *close by, near*
puella: *girl*
puer: *boy*
pugnat: *fights*
pulchra, pulcher: *beautiful*
pulsat: *hits*
punit: *punishes*
putat: *thinks*

Q

quaerit: *seeks, asks*
quaestiōnēs: *questions*
quālis:
quam
quamquam: *although*
quandō: *when*
quī, quae: *who*
quia: *because*
quicquid: *whatever*
quid: *what*
quidam, quaedam: *a certain*

quōmodo: *how*
quoque: *also*

R

rādīcēs: *roots*
ramus: *a branch*
rē vērā: *really, truly*
rēgīna: *queen*
regressus est: *returned*
respondit: *answers, responds*
rēte: *a net*
rex: *king*
ridet, risit: *laughs*
rogat: *asks*

S

sacculus: *a bag, sack*
sacerdōs: *priestess*
salvi: *safe*
sanctum: *holy, sacred*
sanguinis: *blood*
sapiens: *wise*
satisfactus: *satisfied*
scit: *knows*
scrībit: *writes*
    scripsit: *wrote*
scuta: *shield*
sē: *himself, herself*
sēcrētē: *secretly, stealthily*
secundus: *second*
sed: *but*
sedet: *sits*

semper: *always*
senex: *old man*
septem: *seven*
sequitur: *follows*
Seriphus: *the island of Seriphus*
serpents: *snakes*
servat: *saves, rescues*
si: *if*
silva: *woods, forest*
similis: *like, similar (to)*
sine: *without*
sinistra: *left*
sōl: *sun*
sōla: *alone*
somnium: *dream*
sonus: *sound*
sordida, sordidus: *dirty*
soror: *sister*
spectat: *watches, observes*
spectator: *spectator*
speculum: *mirror*
spēlunca: *cave*
stat: *stands*
statim: *immediately*
Styx, Stygem: *the river Styx*
super: *over, above*
surgit: *rises, gets up*
suus, sua: *his own, her own*

T
tālāria: *winged shoes, the talaria*
tam: *so*

tandem: *at last, finally*
tangit: *touches*
tantum: *so much*
taurus: *bull*
templum: *temple*
tempus: *time*
tenet: *holds*
terra: *land, ground, earth*
tertia: *third*
Theseus: *Theseus*
tibi: *to you, for you*
timet: *fears, is afraid*
Tītānus: *Titan*
totus: *whole, entire*
trahit: *drags, draws*
trans: *across*
trānsfōrmat: *transforms, changes*
tredecim: *thirteen*
tremit: *shakes*
trēs: *three*
tristis: *sad*
tū, te: *you*
turba: *crowd*
tuus: *your*

U
ubi: *where*
ubique: *everywhere*
ultima: *last, final*
umbra: *shade, shadow, ghost*
ūnus: *one*
ursa: *bear*

ut: *so that, in order to*
ūxor: *wife*

V

vacuua, vacuus: *empty*
valdē: *very*
vale, valeās: *goodbye*
vendit: *sells*
venit: *comes*
vertit: *turns*
vestīmenta: *clothes*
via: *road*
vīdet: *sees*
vīgintī: *twenty*
vir: *man*
vīs: *you want*
vīsitat: *visits*
vīvit: *lives*
vīvus: *alive, living*
vocat: *calls, summons*
volat: *flies*
vōs: *you*
vulnerāta: *wounded*
vulnerate: *wounds*
vult: *wants*
vultus: *face*

About the author

Andrew Olimpi teaches Latin at Hebron Christian Academy in Dacula, Georgia. His previous novellas for Latin learners, published as part of the "Comprehensible Classics" series, include *Puella Pulchra et Monstrum Horribile* and *Perseus et Rex Malus*. He holds a master's degree in Latin from the University of Georgia, and currently is working towards a PhD in Latin and Roman Studies at the University of Florida. He also co-directs the school's Theater Arts progam with his beautiful and talented wife Rebekah, an artist and English teacher. They live in Dacula with a plethora of pets, including an assortment of reptiles, a neurotic cat, and two aged and lazy dogs.

EGO, POLYPHEMUS
Level: Beginner

Polyphemus the Cyclops' life is pretty simple: he looks after his sheep, hangs out in his cave, writes (horrible) poetry, eats his cheese . . . until one day a ship arrives on his peaceful island, bringing with it invaders and turning his peaceful world upside down.

Based on the works of the Vergil and Ovid, this novella is suitable for all beginning readers of Latin.

LARS ROMAM ODIT

Lars is the king of Clusium, a city in ancient Italy, and it is good to be the king. He has fame, wealth, and power—everything he could ever want. He even has a best friend, Titus, the royal scribe.

But all good things must come to an end.

One day a king named Tarquinius arrives Clusium, asking Lars for help. Rome, a town close to Clusium, has kicked out Tarquinius and set up its own government. Lars vows to help his friend regain the throne, confident in the strength of his army and the loyalty of his people. But, as it turns out, capturing Rome may be more difficult than Lars ever imagined.

MERCURIUS INFANS HORRIBILIS

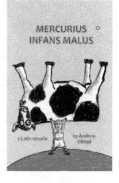

Baby Mercury is not like an ordinary human baby; he can speak, he is incredibly strong, and he can even fly!

However, things aren't always easy for the divine infant. Whenever he tries to help someone, things tend to go terribly wrong! And one day when little Mercury steals some cattle, the god Apollo is forced to track down the thief and try to set right all the chaos the mischievous infant has caused!

FAMILIA MALA TRILOGY:

VOL. 1: SATURNUS ET IUPPITER
VOL. 2: DUO FRATRES
VOL. 3: PANDORA

They're the original dysfunctional family! Rivalry! Jealousy! Poison! Betrayal! Gods! Titans! Cyclopes! Monsters! Magical Goats!

Read all about the trials and tribulations of Greek mythology's original royal family! Suitable for all novice Latin readers.

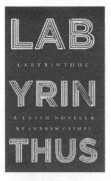

LABYRINTHUS

Princess Ariadna's family is . . . well . . . complicated. Her father Minos, king of Crete, ignores her. Her mother is insane. Her half-brother is a literal monster—the Minotaur who lives deep within the twisting paths of the Labyrinth. When a handsome stranger arrives on the island, Ariadna is faced with the ultimate choice: should she stay on the island of Crete, or should she abandon her family and her old life for a chance at escape . . . and love?

IO PUELLA FORTIS

VOL. 1: IO ET TABELLAE MAGICAE
VOL. 2: IO ET MONSTRUM HORRIFICUM

Io is tired of her life in a small town in ancient Greece. She is growing up fast but is frustrated that her mother still treats her like a child.

One day, Io finds a wax tablet and stylus in a mysterious clearing in woods. Io is surprised to discover that one the tablet is written a single sentence: "Hello, Io."

Who left the message? How do they know Io's name? Io immediately decides to solve this mystery, a decision that entangles her, her sister Eugenia, and her friend Chloe in a thrilling and dangerous adventure.

VIA PERICULOSA
Level: Beginner/Intermediate

Niceros is a Greek slave on the run in ancient Italy, avoiding capture and seeking his one true love, Melissa. However, a chance encounter at an inn sets in motion a harrowing chain of events that lead to murder, mayhem, mystery, and a bit of magic. *Via Periculosa* is loosely adapted from the Roman author Petronius.

IDUS MARTIAE

"Beware the Ides of March!"

It's 44 BC, and strange things are happening in Rome. A sacrificed bull is found to have no heart. Senators are meeting in houses secretly, speaking in whispers and hiding in the shadows. A soothsayer is warning people in the streets to "beware the Ides of March." Mysterious boxes are beginning to turn up... containing daggers. Pompeia, her brother Cornelius, and her friend Roscus set out to investigate these strange happenings and soon find themselves entangled in a web of intrigue, deception... and murder!

COMPREHENSIBLE CLASSICS

LEVEL D NOVELLAS

PUER EX SERIPHO

VOL. 1. PERSEUS ET REX MALUS
VOL 2: PERSEUS ET MEDUSA

On the island of Seriphos lives Perseus a twelve-year-old boy, whose world is about to be turned upside down. When the cruel king of the island, Polydectes, seeks a new bride, he casts his eye upon Perseus' mother, Danaë. The woman bravely refuses, setting in motion a chain of events that includes a mysterious box, a cave whose walls are covered with strange writing, and a dark family secret.

Puer Ex Seripho is a gripping two-part adventure based on the Greek myth of Perseus.

VOX IN TENEBRIS

Lucanus, a Roman citizen travelling through Greece, has a big problem: he is far from home, broke, and desperate to make some quick money. A job opportunity soon comes his way, with a big reward: one hundred gold coins! The catch? Lucanus has to stay up all night with the dead body of a prominent citizen. Luccanus takes the job, even though he has heard the stories that citizens of the town whisper: tales of witches, ruthless and bloodthirsty, who wander the streets after the sun the sun goes down.

FILIA REGIS ET MONSTRUM HORRIBILE
Level: Beginner/Intermediate

Originally told by the Roman author Apuleius, this adaptation of the myth of Psyche is an exciting fantasy adventure, full of twists, secrets, and magic. The reader will also find many surprising connections to popular modern fairy tales, such as "Cinderella," "Snow White," and "Beauty and the Beast"